AF253906

DE LA

NÉCESSITÉ D'ALLÉGER

LES

CHARGES PUBLIQUES.

PARIS. — IMPRIMERIE DE DONDEY-DUPRÉ,
Rue Saint-Louis, nº 46, au Marais.

DE LA
NÉCESSITÉ D'ALLÉGER
LES
CHARGES PUBLIQUES,

ET DES MOYENS A PRENDRE

POUR AMÉLIORER LE SORT DES CLASSES LABORIEUSES;

RÉFORMES FINANCIÈRE, ADMINISTRATIVE, MILITAIRE;

ORGANISATION DE LA GARDE NATIONALE EN PLUSIEURS BANS;

REPRÉSENTATION DÉPARTEMENTALE;

BANQUES AGRICOLES; COLONISATION ÉTRANGÈRE, COLONISATION A L'INTÉRIEUR.

Par M^r. De Chapuys-Montlaville.

.... Mais un tems viendra où il ne sera
plus permis de se parer du titre de patriote,
si on n'a, au préalable, sacrifié à la chose
publique une partie de sa fortune ou de
sa vie.

PARIS,

DONDEY-DUPRÉ PÈRE ET FILS, IMPRIM.-LIBR.-ÉDITEURS,

Rue Saint-Louis, N° 46, au Marais,

ET RUE RICHELIEU, N° 47 *bis*, MAISON DU NOTAIRE.

1832.

DE LA
NÉCESSITÉ D'ALLÉGER
LES
CHARGES PUBLIQUES.

Si la révolution de 1830 avait satisfait tous les intérêts, si elle avait soulagé la misère des classes pauvres en diminuant les charges, en activant le commerce, en créant de nouvelles forces à l'industrie et à l'activité humaine, on ne sentirait pas dans la société ce mouvement d'inquiétude et de malaise qui fait craindre que tout ne soit pas accompli, et qu'il ne reste encore quelque chose d'inachevé que l'avenir doit produire. Dans toute espèce de gouvernement, le bien-être des masses doit être la règle de conduite des législateurs ; et à plus forte raison chez un peuple où la souveraineté nationale est inscrite en tête de la constitution, les pouvoirs ne peuvent-ils sans compromettre gravement la situation du pays, négliger de veiller à ce que la généralité des intérêts ne souffre pas de l'application du système politique. Tant que la France opprimée par les restes de la féodalité de Louis XIV, dominée par le despotisme impérial ou retenue sous le joug clérical qui revenait du moyen-âge avec le droit d'aînesse et la chemise sanglante de la loi du sacrilége, se voyait privée des droits les plus légitimes du citoyen, et qu'elle n'avait aucune part à l'action de son gouvernement, tant que ses impôts prélevés avec violence étaient dépensés arbitrairement, que ses enfans arrachés de ses bras étaient envoyés sous le fer de l'Europe pour y mourir, ou que le parti, maître de toute l'influence, reprenait les maximes et la politique de l'inquisition, nous rejettait à quelques siècles en arrière, et tentait de broyer violemmeut tous les sentimens généreux dont nous avait dotés la civilisation, cette si noble mais si malheureuse France ne pensait qu'à l'ignominie de ce rôle d'esclave qu'elle jouait depuis si long-tems, et sous tant de costumes divers.

Le mot de liberté était synonyme de tous les besoins, de tous les désirs; aussi, chaque fois que par l'effet d'une circonstance fortuite, son état politique venait à changer, ce cri de la conscience publique se faisait entendre. Liberté! s'écriait le peuple de Paris; liberté! répondait le peuple des provinces. Ceci est tellement vrai, que la révolution de 89 s'est faite au bruit de cette glorieuse acclamation, et a produit les droits de l'homme, que le renversement de l'oppressive tyrannie de Robespierre s'est opéré, au milieu de l'enthousiasme de la multitude, que la chute de Napoléon a été accueillie par les refrains, alors populaires : *Plus de despote ;* et que la révolution de juillet ne s'est précipitée si rapidement sur la restauration que parce qu'elle était soutenue par la nation remplissant le ciel du cri de *Vive la Charte!* exclamation mystérieuse, symbole d'un nouvel ordre d'idées qui s'élevait de toutes les ames et allait prendre vie au sein de la société. Jusqu'à ce jour c'était donc là le besoin du pays, le besoin unique ; car à celui-là s'en rapportait un autre : le besoin de l'égalité ; sentiment généralement mieux compris, apprécié plus nettement peut-être que le premier, pour lequel il nous manquait de hautes qualités, et surtout des vertus sévères, et un désintéressement patriotique plus absolu que celui qui faisait le fond de notre morale politique. Les impôts étaient-ils lourds? les guerres menaçaient-elles de leurs chances incertaines l'indépendance du pays? on s'en inquiétait peu, on voulait la liberté, et la France, ivre d'attente et d'espoir, aurait voulu dévorer l'avenir, l'avenir qu'elle savait bien devoir la faire libre... Mais à présent que toutes les phases d'une révolution sont épuisées, que nous avons détruit le passé à triple reprise, que nous avons essayé la gloire de l'empire, la restauration du pouvoir ancien, et que nous avons enfin terminé le drame quaranténaire par un acte de souveraineté et de force, l'élection d'une dynastie et la mise en principe d'un nouveau droit politique; à cette heure que nous ne craignons plus pour nos libertés, et que nous possédons, ou tout au moins, que nous sommes certains de posséder bientôt la plénitude des droits du citoyen, une nouvelle nécessité se révèle, nécessité rendue plus impérieuse encore par suite des sacrifices de tout genre que nous avons faits dans notre courageuse révolution; le commerce a souffert, ses plaies sont encore saignantes; l'agriculture a vu ses produits sans valeur; l'industrie a cherché en vain des débouchés; toutes les sources de la prospérité financière détruites, ne se sont pas relevées encore; et cependant les charges augmentent, les impôts s'élèvent dans une proportion effrayante, le budget se remplit de chiffres énormes, et le peuple, qui a déjà tant sacrifié, est obligé de sacrifier encore. Un tel état de choses ne saurait se soutenir long-tems.

La situation du pays devient tous les jours plus critique. Nous n'avons plus foi, ni au passé, ni à l'avenir, ni au despotisme, ni à la liberté; un découragement général s'est emparé de toutes les ames ; une torpeur morale engourdit les dévoûmens, éteint l'enthousiasme : en un mot, il n'y a plus de sympathie dans les idées. Chacun vit à part, pense à part, espère à sa façon, gouverne à sa guise et accuse, selon son humeur ou son caprice, le ministère ou l'opposition. Il y a anarchie dans les têtes ; il y a scission dans les sentimens. Quant aux doctrines elles se sont effacées ; c'est une religion finie. Il n'en reste plus que l'apparence, l'ame n'y est plus ; ce sont de ces êtres morts dont le fantôme seul est encore debout comme un débris qui atteste le passé, comme une ruine sur laquelle les générations en fuyant liront demain l'histoire de notre âge. Le symptôme du mal se prononce ; et, si la fièvre des émeutes amène le délire, la France ébranlée subira de longs malheurs.

Après la révolution de juillet, les têtes ardentes de la jeunesse s'élancèrent dans une carrière sans bornes. Plusieurs, excités par l'amour-propre, guidés par l'égoïsme ou pressés par le besoin des jouissances actives de la vie, s'imaginèrent que la terre devait tourner pour eux seuls et que la fortune leur devait un dévoûment sans bornes.

C'est alors que parut cette nuée de solliciteurs, gens de toutes les sortes, écrivains grands et petits, avocats célèbres et inconnus, médecins avec ou sans clientelle; ils affluèrent revêtus de leur prétendu patriotisme et de leur fierté, surchargés des preuves de leur coopération au salut de la patrie; et demandèrent les uns les épaulettes de colonels et de généraux, les autres l'hermine des cours judiciaires; d'autres voulurent les broderies administratives : tous d'abord réclamaient les hauts emplois; mais comme en définitive les fonctions supérieures étaient en minorité, il fallut bien que bon nombre diminuât ses prétentions et descendît d'un degré : à force de descendre et de se rapprocher de cet humble et pauvre peuple sur les épaules duquel on se grandissait pour mieux paraître, il y en eut qui s'arrêtèrent à la modeste justice de paix : et encore, pour chacun de ces misérables cinquante louis de rente, il se trouva des milliers de solliciteurs; tous avaient des droits acquis et il n'y avait qu'une palme : elle fut donnée au plus adroit, au plus heureux, et toute cette multitude désappointée se retira des avenues du pouvoir, et changea ses concerts de louanges, ses félicitations en plaintes amères et en malédictions. L'opposition vit arriver à elle ces hommes blessés dans leurs intérêts les plus chers, ils grossirent ses rangs, et se livrant à une polémique pleine de fiel et de dépit, souvent ils embarrassèrent leurs nouveaux alliés. C'est à cette classe d'opposans que nous devons attribuer le mécompte législatif qu'ont éprouvé les hommes qui combattirent, dès le début, le système du ministère : c'est à eux que M. Casimir Périer dut sa grande victoire, et le prolongement de son existence ministérielle. Il était tems d'arrêter le mal qui nous ruinait, et d'arracher le peuple à cette proie qui le dévore : pour rendre à l'opposition la plénitude de sa valeur, il fallait qu'elle reprît ce ton calme et sévère, cachet des esprits patriotes ; il fallait qu'elle assignât à son système une marche plus grave, et qu'elle donnât à ses paroles le ton austère qui convient aux hommes peu désireux du pouvoir, mais appelés par leur conviction à l'instruire de ses fautes et à le signaler dans ses erreurs. Il fallait surtout qu'elle se montrât désintéressée, qu'elle renonçât à l'avance à toutes les faveurs de la fortune, qu'elle épurât ses adhérens ; en un mot, qu'elle imprimât sur son drapeau : Rien pour nous, rien pour les nôtres, tout pour la France, tout pour le bien public. Pleine d'élan et de courage pour sa noble cause, cette intrépide opposition a réalisé tout ce qu'on avait le droit d'attendre d'elle : elle s'est groupée comme une sainte cohorte autour du programme de juillet 1830.

Elle s'est constituée la véritable et seule phalange nationale. Elle a pris en main la cause du peuple, et elle s'est mise au milieu des passions pour les dompter; elle a fait plus : elle a dit à l'Europe qu'un jour viendrait où la France serait assez dégagée de tout son gothique entourage pour prendre sur le vieux continent la tutelle des nations opprimées, et pour se déclarer la marraine des peuples libres : elle a prédit l'avenir, et a signifié aux hommes que le progrès est là, et que le monde est en marche. Aussi s'échauffe pour elle l'enthousiasme national. Aussi s'augmentent les phalanges populaires qui doivent lui servir d'escorte. L'opinion publique l'apprécie et elle justifie son mandat et sa mission.

Et cependant nous ne sommes point ingrats; nous l'avouons, la révolution a profité à tous, puisqu'elle a définitivement conquis la liberté, et que chacun dans sa haute ou dans sa petite sphère peut et doit jouir du bienfait qu'elle procure; mais cet intérêt moral n'est pas le seul qui se fasse comprendre, et que les masses sachent sentir, celui du bien-être matériel, de ce bien-être qui se fonde sur l'aisance pécuniaire demande à être ménagé : c'est à favoriser, c'est à créer celui-ci que le gouvernement doit appliquer son attention et ses moyens, et ce n'est que lorsque, dévoué à cette cause éminemment populaire, il aura commencé les réformes et introduit les premières améliorations, qu'on pourra réellement le surnommer le gouvernement national, c'est-à-dire la *meilleure des républiques.*

Que de gens oublient que l'immense majorité de la nation vit en dehors du budget qu'elle paie, et négligent de défendre les deniers que le contribuable rassemble avec tant de peine. Et pourquoi ces énormes dépenses figurent-elles en tête de notre système financier ? pour solder l'avidité scandaleuse d'une petite portion d'hommes, qui, dédaignant de vivre au même niveau que les autres, d'exercer des professions ou mécaniques ou libérales, veulent se classer dans le rang des fonctionnaires publics que la nation rétribue pendant leurs années de service, et paie encore long-tems après que ces services ont cessé : si l'on voulait mettre d'un côté le nombre des familles , je ne dis pas de celles qui figurent sur le budget, mais de celles qui par leur éducation et leur position peuvent prétendre à y figurer, et d'un autre celui des familles qui , sous aucun rapport et dans aucune circonstance, n'ont l'espoir ou le désir d'y atteindre, on serait effrayé du résultat de ce tableau et on se demanderait avec anxiété : Quelle est donc cette injustice qui depuis si long-tems sacrifie les masses à une si faible minorité? et on decouvrirait là encore un reste de féodalité, un souvenir des tems où sur cent individus on comptait un homme. La féodalité est l'oppression du grand nombre par une minorité privilégiée; qu'elle se produise sous une forme ou sous une autre : que, retranchée dans des châteaux, abritée sous des couleuvrines, étayée par des armées ou affublée de manteaux républicains, elle pèse sur la nation et l'exploite à son profit; ou que, disséminée dans toutes les classes, maîtresse de tous les traitemens, elle jouisse de ce que les autres produisent, c'est toujours le même résultat, c'est toujours une criante injustice et une abominable oppression. Et que voyons-nous aujourd'hui? Quelques milliers d'individus revêtus d'habits brodés, parés de simarres, chargés d'épaulettes, qui parlent patriotisme et qui se doutent à peine qu'ils oppriment la patrie et qu'ils exercent la tyrannie au petit pied. Mais un tems viendra où il ne sera plus permis de se parer du titre de patriote, si on n'a au préalable sacrifié à la chose publique une partie de sa fortune ou de sa vie. Sur quatre ou cinq cents familles, on en trouve à peine une seule qui soit inscrite sur le livre d'or, et cette famille prélève sur les autres, membres comme elle de la grande famille nationale, son opulence et trop souvent le prix de ses passions ou de ses vices. Si, durant le long cours de notre histoire un petit nombre d'hommes s'est appelé nation, a parlé comme s'il formait l'état à lui seul, et n'a fait des lois et des révolutions que dans son intérêt, il est tems enfin que la véritable nation se montre et paraisse. Tout ceci, pour éclater de vérité, se réduirait en quelque sorte, ainsi que nous venons de le dire, à un calcul de chiffres. Trente millions de créatures d'un côté, et quelques cent mille de l'autre. Le peuple, c'est l'ouvrier des villes, c'est l'industriel qui exploite les diverses branches des connaissances humaines, et qui s'aidant de la civilisation, produit pour elle. C'est le propriétaire labourant la terre qui le nourrit, c'est le simple et modeste habitant des campagnes cultivant pour autrui, en attendant qu'il ait acquis quelque parcelle qu'il cultivera pour lui-même; voilà le peuple, le véritable peuple, celui qui abonde sur tous les points de la France, qui la fertilise et l'embellit, et je n'appellerai jamais de ce nom cette foule d'hommes qui occupent les fonctions salariées et vivent aux dépens de ceux qu'ils prétendent gouverner. Que, rentrant dans le droit commun, ils ne forment plus une classe privilégiée, véritable superfétation féodale, plus rude et moins noble que celle qui, durant le moyen-âge, rançonnait les peuples, que du moins elle protégeait contre le fléau des guerres étrangères. La dernière révolution est appelée à faire triompher la vraie cause libérale, celle qui veut que les lois soient faites dans l'intérêt du grand nombre. C'est aux hommes vraiment justes à réclamer les franchises nationales, et non plus à s'arrêter bénévolement à quelques questions purement politiques, qu'il est inutile d'approfondir puisque le tems et la raison publique se sont chargés de leur solution. Il importe au peuple qu'on s'occupe avant tout de la diminution des charges, et de l'amélioration de son sort. Toutefois, une loi sans laquelle il est impossible d'arriver jamais à aucune amélioration intérieure, c'est la loi départementale; c'est à elle à créer nos départemens, à ressusciter nos provinces. Quelques réflexions sur ce sujet sont nécessaires pour faire bien comprendre la suite de nos idées.

Un des motifs qui retardent nos progrès dans la voie libérale et qui compromettent la popularité et peut-être la solidité du pouvoir, c'est le peu de soin que nous mettons à rechercher les moyens d'intéresser la nation à la forme représentative: on l'a dit avec raison, cent cinquante mille électeurs ne représentent pas le peuple. On peut le répéter avec la même confiance, quatre cents députés ne suffisent pas à la représentation du pays. Deux mille propriétaires, membres des conseils-généraux, sont loin de donner aux départemens ces institutions larges et indispensables, cette représentation nationale, véritable et seule nécessité de l'époque. Croyons-le, le premier besoin de notre tems, c'est la discussion des intérêts généraux, c'est la division du pouvoir, c'est la participation du plus grand nombre d'individus possible à l'action du gouvernement. Nul ne veut être laissé à part; chaque citoyen, dans son amour, dans son ardeur pour le bien public, veut avoir son poste, afin d'y contribuer, et de donner aussi, lui chétif, le tribut de son travail et de sa pensée. Ceci est le commencement d'un esprit public qui nous manquait et qui vient; c'est un signe de paix pour l'avenir, si on sait le reconnaître et l'apprécier; c'est un symptôme de révolutions, si on le nie ou si on le repousse. Somme totale, le seul secret pour gouverner bien, long-tems et solidement, c'est d'appeler d'une manière ou d'une autre, à l'action gouvernementale, tout ce qui a du cœur, de l'intelligence, de la science, du patriotisme et du tems. Élargissez la base de votre système et appuyez-vous sur tout le monde. Voyez la Suisse, la démocratie, maîtresse du terrain depuis longues années, ne doit le maintien de sa puissance qu'à cette politique dont elle vient d'adopter récemment les dernières conséquences, dans les cantons où une faction était parvenue à les suspendre jusqu'à nos jours. A Genève, Zurich, Berne, Soleure, Lucerne, les corps représentatifs sont composés de deux cent cinquante à trois cents citoyens, et cette vaste échelle permet à toutes les ambitions d'arriver à leur but; aussi, quel foyer de lumières et de raison que ces grands conseils des cantons de Vaud, de Genève, de Berne, de Zurich, de Lucerne, où le plus petit patriote arrive avec son bagage de citoyen ou de savant. Les lois s'élaborent en paix. Les familles, qui ont presque toutes leurs représentans aux conseils, suivent les délibérations sans quitter leurs travaux; et que de fois une inspiration heureuse, recueillie au foyer domestique, sous le toit le plus obscur, vient féconder la discussion et éclairer l'assemblée; c'est ainsi que les lois deviennent l'œuvre de tous, et que tous ont intérêt à maintenir et à conserver leur ouvrage. Ceux qui ne peuvent être admis dans le corps législatif, trouvent leur place dans les nombreux conseils de commune, dans les places judiciaires ou administratives, postes d'honneur dont la plupart ne donnent droit à aucune rétribution, et une faible partie aux émolumens les plus minces. Telle est cette

organisation, dont il serait à désirer qu'on adop-
tât le principe en France, qu'on transportât
sur notre sol les bienheureux résultats. Ce système une fois adopté devient fécond ; il conduit
aux places gratuites. En divisant les attributions,
en multipliant les hommes à qui vous confiez
des charges publiques, naturellement vous al-
légez la charge de chacun d'eux ; et tel qui ne
pouvait, sans nuire à sa fortune privée, donner
toute sa journée aux affaires publiques, sacri-
fiera avec plaisir, avec orgueil, deux ou trois
heures chaque jour à l'emploi que vous lui des-
tinez. A ce régime si admirable de simplicité,
se rattachent d'immenses avantages, participation de tout ce qui est habile, patriote et ambi-
tieux, aux affaires du gouvernement, par conséquent intérêt du grand nombre à sa conser-
vation ; foyer de lumières centuple, et par suite
amélioration rapide dans les différentes branches
de l'administration ; possibilité de rendre les
places gratuites, sans en faire un monopole pour
la richesse ; économie enfin dans les deniers publics, et plus que tout cela encore, diminution
des impôts, soulagement des classes inférieures.
Ceci mérite l'attention de nos législateurs, et si
la chambre, de même que le ministère, n'a
point abandonné entièrement l'esprit et le rôle
glorieux de juillet 1830, on obtiendra ces

réformes, sans lesquelles le pays ne peut être tranquille ni la monarchie stable. La loi départementale, qui sera proposée aux pouvoirs législatifs dans la prochaine session, doit être basée sur ce système; et au lieu de circonscrire la représentation départementale dans le cercle étroit de vingt à trente membres, espérons que les chambres la composeront de deux cent cinquante à trois cents citoyens. Elles ne seront pas généreuses à demi; elles porteront les conseils d'arrondissement à quarante ou cinquante membres, et jetteront ainsi dans la sphère d'action du gouvernement tout ce que nos provinces comptent d'hommes distingués et actifs. Réunis dans un même vœu, dans un même but, ces citoyens, véritables chefs de l'opinion, formeront un faisceau qui conduira la nation dans la voie du progrès. Cette question des conseils-généraux est grave : elle est destinée, selon les bons esprits, à consolider l'œuvre de juillet; c'est la grande charpente de notre état politique et de notre position sociale. La législation ne s'arrêtera pas, il faut l'espérer, à ces vaines terreurs à l'aide desquelles on prétend encore, par un vieux préjugé, flétrir les assemblées nombreuses. Elle comprendra qu'une réunion de trois cents citoyens, désignés par le pays pour s'occuper des intérêts spéciaux de la localité, se renfermera toujours dans le cercle que la loi lui aura tracé, et qu'elle n'aura ni la force ni le tems de se jeter dans le champ des révolutions. Quant au reproche d'être difficile à se former, à se discipliner, et de s'agiter beaucoup sans arriver à des résultats positifs, il tombe devant l'expérience même, devant l'exemple de l'Angleterre, de la Suisse et de l'Amérique. Fractionnées en commissions nombreuses qui s'occuperaient, dans l'intervalle des sessions, de la spécialité qui leur serait départie, les unes des chemins vicinaux, les autres de la salubrité publique, celles-ci de l'administration générale, celles-là de l'industrie, du commerce, de l'agriculture; elles rapporteraient chaque année, au sein du sanctuaire départemental, toute une moisson de vues utiles; ce serait alors que le pays serait réellement représenté, et que sa vie serait libre.

De là partiraient sans nul doute d'immenses et de grands succès; de là naîtrait une confiance publique, la plus sûre et la meilleure des garanties contre les révolutions : et quel est donc celui qui demanderait la république ou l'empire, si le bien naissait sous ses pas, et que l'avenir s'avançât paisiblement avec son cortége de prospérité, de paix, de commerce et de liberté?

C'est le jour où tous les préjugés peuvent s'effacer, où les haines doivent s'éteindre, où les vieilles craintes du fédéralisme doivent disparaître. Que le gouvernement ne redoute pas la France, qu'il se mette avec confiance au milieu d'elle, elle lui sera bienveillante; mais s'il s'obstinait à se raidir contre le progrès, s'il s'efforçait de fermer devant elle les portes de l'avenir, alors l'histoire reprendrait ses grands enseignemens, et si, comme au tems des 221, ils n'étaient pas écoutés, peut-être, et ce serait un sujet de douleur pour le pays, une nouvelle page de ruine viendrait-elle s'ajouter à ces pages qui nous racontent la chute de l'empire et la fin des Bourbons.

Reprenons notre discussion financière, et proclamons qu'il ne s'agit plus aujourd'hui de réclamer une légère réduction dans les traitemens, une faible diminution dans les frais du gouvernement; mais qu'il faut entrer dans une voie plus large. Une réforme pleine et entière est nécessaire. Il faut des institutions populaires qui mettent le pain sous la dent du plus pauvre, la vie à portée de tout le monde. D'abord et avant tout, un nouveau système financier et administratif doit être adopté, système qui, réduisant largement le budget, fasse, pour ainsi dire, à chaque citoyen un devoir d'honneur de sacrifier quelques parties de son tems à la chose publique. Vous avez vu autrefois dans les républiques anciennes, le noble désintéressement qui portait chaque citoyen à consacrer sa vie toute entière aux affaires de l'état ; de nos jours voyez les modestes, les imperceptibles traitemens des fonctionnaires des cantons suisses ! et de si généreux exemples ne pourraient pas être suivis dans un pays où on parle patriotisme avec une ardeur admirable, et où, dans un noble élan, toute la population s'offrirait à la mort si l'Europe se soulevait contre nous ! Un budget tel que celui de 1831, dont le chiffre énorme de 1,600 millions, dépasse d'un milliard le budget de l'an VII, où l'état cependant entretenait sous les armes une force militaire considérable, ne saurait se soutenir. On ne saurait se le dissimuler, le mal est arrivé à un haut degré ; il faut se hâter de changer de système et d'entrer dans les réformes jusqu'au vif, puisque, suivant les progrès incroyables de l'augmentation du budget, on trouve qu'en dépit de tous les mouvemens politiques et de toutes les révolutions, chaque année le chiffre total s'accroît dans une proportion presque mesurée. On dirait que, peu sûre de la durée de son mandat, chaque révolution adopte et solde les hommes de l'époque qui l'a précédée, afin que celle qui la suivra nourrisse à son tour ceux qu'elle a mis à sa tête. Nous sommes sur une pente et nous glissons ; il est indispensable de changer notre position, de nous replacer sur un terrain solide. La plaie doit être sondée dans sa profondeur. Tous les traitemens, quels qu'ils soient, devraient être soumis à une révision et à une réduction proportionnée à leur degré d'importance ; les traitemens inutiles supprimés, on ne laissera dans les ministères et les administrations que des hommes laborieux qui, levés avec le jour, ne quittent le travail qu'avec la lumière ; encouragez ces hommes utiles en leur assurant un avancement certain, indépendant de la faveur ou du caprice des ministres, et vous aurez travail, zèle et économie. Portez principalement votre attention sur les abus de la centralisation ; c'est là que sont les grosses dépenses. En donnant plus d'étendue aux attributions des communes, vous êtes amené naturellement à augmenter celles des départemens, et vous évitez ces immenses correspondances, vaste réseau qui s'étend sur le pays et le tient sous des chaînes. En se débattant et en se relevant dans nos trois journées, la nation a brisé ce réseau, elle ne doit pas souffrir qu'il soit de nouveau réparé et rejeté sur elle. Essayez de faire un appel au zèle, au patriotisme ; ils vous répondront, car nos mœurs publiques, trop relâchées, notre vie trop concentrée sur des intérêts privés, ne permettent pas à la législation de faire mieux. Le système d'économie et de haute liberté qui consisterait à établir une conscription pour recruter les administrations, comme la loi en a établi une pour disposer au profit de l'état de la jeunesse et de la vie d'une partie des citoyens, ne serait ni compris ni apprécié; cette théorie, dernier terme de la perfectibilité gouvernementale, doit être laissée en dépôt pour l'avenir.

Ces mesures économiques et bienveillantes pour le peuple, loin d'affaiblir le crédit du gouvernement, lui concilieront l'appui des masses et l'affermiront sur sa base. Dans les villes, dans les campagnes, vous trouvez sans peine des hommes dévoués qui, dans une modeste obscurité, exercent les fonctions municipales, non-seulement sans rétribution, mais encore sans espoir de récompense ou d'honneur, et vous craindriez de manquer de fonctionnaires d'un ordre plus élevé! En distribuant avec discernement les emplois, en établissant des peines sévères contre les infractions aux devoirs publics, en spécifiant d'honorables encouragemens pour ceux qui se distingueraient par leur zèle et leur aptitude, à peine seriez-vous obligés à rembourser les frais de déplacement pour certaines fonctions, et à conserver quelques faibles salaires pour les plus difficiles et les plus onéreuses. L'échelle de l'avancement graduée suivant le mérite et les services rendus, les hommes classés dans les diverses administrations, suivant leur capacité; le concours établi entre les plus habiles et les plus dignes achèveraient de régulariser un système qui aurait pour objet la répartition égale de la plupart des charges entre les citoyens et le soulagement des classes inférieures de la société.

Quant à l'armée, elle devrait entrer dans un mode nouveau. La garde nationale serait divisée en gardes nationales mobiles et en gardes nationales sédentaires. Le premier ban, composé de tous les jeunes gens de dix-huit à trente ans, serait distribué en cadres de régimens, bataillons et compagnies. Les hommes resteraient dans leurs foyers; le gouvernement pourvoierait à l'équipement seulement de ceux qui ne pourraient l'effectuer à leurs frais. Tous les dimanches, les hommes d'une même compagnie, formée d'une ou de plusieurs communes limitrophes, se réuniraient et s'exerceraient au maniement des armes; tous les mois, les bataillons s'assembleraient et recevraient les premières notions des manœuvres, et tous les trois mois, les régimens réunis sous le commandement d'un officier supérieur, se livreraient aux grandes manœuvres, et seraient inspectés dans leur tenue et leur conduite. Par ce moyen, au lieu d'entretenir une armée de cinq cent mille hommes qui obère le trésor, cent mille soldats suffiraient pour former le premier noyau de notre force militaire, et en moins de huit jours la France aurait sous ses drapeaux, si le danger approchait, une armée d'un million d'hommes, l'élite de la France et le nerf de la nation. Cette organisation militaire est admirable. C'est avec elle que les Américains ont résisté à l'Angleterre, qu'ils ont vaincue; c'est par elle que se soutiennent les cantons helvétiques, et c'est avec elle que les allié sont triomphé de la France et de Napoléon. Ce système est le même qui a été adopté par la Prusse, la seule peut-être de toutes les puissances européennes qui puisse être considérée comme s'étant occupée avec une constance soutenue de la meilleure organisation militaire. Si ce mode n'est point sanctionné par la loi, si nous ne nous mettons pas par ce moyen au niveau de nos voisins, bientôt la garde nationale entravée par cette foule de pères de famille qui abonde dans ses rangs, verra s'attiédir son zèle; ses lignes diminueront chaque jour, et dans peu d'années à peine pourra-t-on réunir une troupe de parade pour féliciter un prince ou entourer un préfet ou un maire. Le service de la garde citoyenne se résumera dans une revue générale à chaque grande solennité. Après notre régénération sociale, toutes les institutions doivent être graves et sévères. Il ne s'agit plus de s'habiller en soldat et de s'aligner sur une place, il faut organiser des troupes nombreuses, instruites, qui, au premier signal, puissent combattre avec intelligence, et s'opposer aux ennemis de la liberté et de la France. A ces vues d'économie ajoutez-en de nouvelles; émancipez le clergé, faites-le participer aux bienfaits de l'ère libérale; suivez la belle pensée de M. de La Mennais; profitez de l'avantage que ce beau génie vous a fait, en vous préparant les voies, rendez à l'église son indépendance; aux consciences leur entière liberté; cessez de salarier les ministres des différens cultes; laissez à la piété des adeptes le soin d'entretenir les temples et les autels. Que le sanctuaire redevienne mystérieux, inaccessible à la politique; que le prêtre se mette en communication secrète avec le fidèle : cessez de lui servir d'intermédiaire, le peuple y gagnera cinquante millions, et les idées religieuses ne perdront ni de leur force ni de leur influence. Mais montrez du caractère, de l'énergie; ne vous laissez ébranler ni par les préjugés, ni par les sophismes, ni par les cent mille cris des victimes salariées, pensez à la nation, au peuple qui paie et qui souffre, et élevez-vous à toute la hauteur de votre mission.

L'organisation financière offre un vaste champ aux améliorations. Il ne s'agit pas seulement de diminuer les grosses dépenses, mais encore de répartir plus également l'impôt qui pèse trop sur le peuple et n'atteint pas assez les capitalistes et les sommités. Pour arriver à ces fins si généreuses et si justes, on a parlé de l'impôt progressif; mais ce mode, qui crée un privilége et tend à déprécier la propriété elle-même, a de tels inconvéniens, qu'il me semble impossible qu'il puisse jamais s'établir au sein d'une législation paisible. Motion de tems d'orage, idée théorique sans base réelle, utopie sans utilité sociale, rêve de quelques économistes, ce système, avant qu'une année ait passé sur lui, non-seulement aurait amené la misère à sa suite, mais encore aurait rejeté toutes les charges publiques sur cette petite propriété que l'on veut éviter dans cette injuste et arbitraire répartition. Le premier effet de la progression serait sans contredit, la vente des grandes propriétés. Nul ne voudrait, que disons-nous, ne pourrait supporter une charge aussi inégale, et force serait, malgré l'amour qu'on porte à son patri-

moine, de mettre à l'encan la maison où se sont
succédées des générations, et qui est comme le
sanctuaire de la famille. C'est bien alors qu'il
n'y aurait plus de poésie nulle part, et que le
dernier dieu domestique s'en irait. La division
de la terre deviendrait infinie, et le mouvement
commercial, seul profitable à tous, produit par
la révolution de 89, qui tout en favorisant d'un
côté la division de la propriété, de l'autre favo-
rise l'agglomération des héritages par l'attrait du
travail et d'un bel et séduisant avenir, se trouverait annihilé. Celui qui aurait acquis le taux
au–delà duquel commence la progression, s'arrêterait aussitôt, et au lieu de placer ses capitaux dans de nouveaux achats, il déposerait son
argent sur les banques étrangères. La France se
trouverait ainsi privée d'une masse de capitaux
qui irait profiter à ses voisins. Ce serait, en vérité, une singulière manière de vouloir favoriser l'état, que d'adopter une mesure qui le
ruinerait. En 1789, les propriétés étaient con-
centrées entre un petit nombre de familles; en
dehors de ce cercle où elle ne pouvait pénétrer
qu'avec peine, la nation grande et forte s'agitait
dans le besoin du travail et dans le désir de la
possession; il y avait abus, et une révolution
est arrivée pour le faire disparaître, et remettre
aux mains de tout le monde le sol de la patrie

qui ne doit être que le patrimoine du labeur et de l'économie. Mais, si aujourd'hui, par un abus contraire, vous alliez découper en lanières d'un arpent cette vaste étendue qui nous couvre, non-seulement vous enlèveriez aux dispositions laborieuses, la prime d'encouragement qu'elles ont en perspective, et qui consiste dans la possession d'une propriété augmentée et enrichie de fleurons; mais encore vous porteriez le coup mortel à ces nombreuses améliorations agricoles, qui ne peuvent être tentées que par les grands propriétaires; eux seuls sont à même de faire des sacrifices souvent infructueux pour tenter de nouveaux essais, et en définitive, par suite de cette division extrême de la propriété, dont le résultat serait de réduire à une faible étendue la limite de chaque héritage, la petite propriété se trouverait être seule passible de toutes les charges de l'état. Ce serait alors qu'il y aurait abus une seconde fois, et qu'il faudrait crier à l'arbitraire; ce serait alors qu'il faudrait que le peuple élevât haut ses plaintes; car de deux choses l'une, ou le trésor se trouverait et resterait vide par l'annihilation de toutes les propriétés progressivement imposées, et transformées aussitôt en côtes si minimes qu'elles échapperaient à la progression, où le chiffre de l'impôt devant toujours être le même, on serait contraint de décupler la première proportion, celle qui atteindrait la petite propriété. Ainsi donc, en outre des graves inconvéniens que nous avons signalés, et que l'impôt progressif entraîne à sa suite, indépendamment de la violation de la Charte qu'il consacre, de l'arbitraire dont il fait une loi, de la France qu'il perd, de l'étranger qu'il enrichit, il manque évidemment le but pour lequel il est réclamé, et loin d'alléger les charges de la petite propriété, il tendrait à les augmenter dans une proportion intolérable. La France ne veut plus de priviléges; elle a combattu quarante années contre eux; elle ne les laissera jamais rétablir.

Mais, sans avoir recours à l'impôt progressif pour remplir les vides du trésor et pour soulager les contribuables, il est d'autres moyens que ne réprouvent ni la charte, ni la justice, la première de toutes les chartes. Il est certains impôts qu'il faudrait détruire, certains priviléges qu'il faudrait faire disparaître. Quoi de plus injuste que cette exemption de toute taxe qui enrichit le capitaliste et embellit sa fortune! quel scandale pour la France de subir un tel abus! quelle charge pour elle de le supporter depuis si long-tems! Il y aurait cependant un moyen simple d'atteindre sinon la totalité des capitalistes, du moins la majeure partie d'entre eux, et de les soumettre comme les autres citoyens aux charges de l'impôt : la plupart du tems on prête sur hypothèques; on dépose par conséquent son obligation au bureau institué pour cet objet; dès-lors rien n'est plus facile que d'imposer cette espèce de capitaux : relevez les sommes sur les registres des contrôleurs, et basez l'impôt sur une proportion quelconque; la propriété paie environ le cinquième de ses revenus bruts; exigez une semblable redevance des capitalistes, et vous trouverez ainsi le moyen de réduire d'autant les charges qui pèsent plus directement sur les classes pauvres. Ne venez pas me dire que vous arrêterez par cette mesure cette sorte d'emprunts, et qu'on verra se multiplier les prêts sur simples billets, que dès-lors une voie plus large est ouverte à la fraude, à la banqueroute, à l'immoralité, cette dernière étant toujours complice des deux premières; n'ajoutez pas que vous apportez une entrave aux spéculations en augmentant le taux de l'argent, parce qu'en définitive l'impôt restera toujours à la charge de l'emprunteur; la situation financière de la France repousse cette crainte; de toutes parts l'argent abonde, les caisses regorgent de valeurs, et le capitaliste est plus heureux de trouver un bon placement, que le propriétaire n'est embarrassé des sommes qu'il peut devoir. Vous n'ouvrez aucune porte à l'usure; vous laissez au capitaliste l'avantage réel de jouir de son revenu, sans la crainte des non-valeurs et de ces réparations forcées qui tombent sur lui comme un orage et le frappent comme la foudre; et néanmoins vous l'englobez dans le sort commun, vous l'assimilez à la masse; vous lui appliquez l'article de la Charte qui veut que chacun contribue, dans la proportion de sa fortune, aux charges de l'état; c'est encore une manière d'établir l'égalité pratique. Il resterait encore une autre espèce de capitalistes à atteindre : ce sont ces hommes assez hardis ou assez adroits pour trouver des propriétaires dont la parole est la plus haute garantie, et à qui ils prêtent leur argent sur une simple reconnaissance; il y aurait aussi d'autres revenus qui échapperont toujours à l'analyse législative, et qu'il serait à désirer qu'on pût atteindre et soumettre ; pour cela, il n'y a qu'un seul moyen, c'est de faire un appel à la conscience et à l'honneur du citoyen, et d'imiter en cela Zurich et Genève. Dans ces deux cantons, une commission est nommée chaque année par le gouvernement : devant elle sont appelés successivement tous les citoyens, avec prière de déclarer s'ils possèdent dans le mystère du portefeuille des revenus qui ne soient pas frappés par l'impôt; on se contente de leur déclaration; si elle est négative, ils se retirent et il ne leur est plus rien demandé, si elle est affirmative, on leur présente un registre, et on les invite à s'imposer eux-mêmes, suivant la quotité de leurs revenus, et sans qu'on s'informe même à quel taux s'élèvent ces revenus. Tout reste ainsi enseveli dans le plus profond mystère, et le secret des familles n'est jamais dévoilé. Ce mode, qui rappelle la bonne foi antique, obtient les plus heureux résultats : le patriotisme s'élève à toute la hauteur de la vertu, et il est rare qu'un homme riche s'abrite derrière un mensonge, et trompe ainsi l'espoir de la loi. L'opinion publique admire cette institution, et la respecte à l'égal de ses plus chères libertés. Pourquoi ne l'introduirions-nous pas chez nous? La patrie de Guillaume-Tell, la vieille et noble Helvétie est digne de nous servir d'exemple.

Voici actuellement un autre revenu, immense ressource pour le trésor s'il était imposé, et qui ne supporte pas la plus légère parcelle des charges publiques, c'est le grand-livre, ce sont les inscriptions sur la France elle-même.

On a bien fait quelques objections assez spécieuses contre l'impôt sur les rentes; on a dit que ce serait manquer à la foi jurée, aux engagemens pris. Je ne partage pas ces scrupules auxquels toutefois je rends hommage comme à la belle et pure probité française ; mais je ne pense pas qu'il soit libre au gouvernement de prendre des engagemens contraires aux lois fondamentales ; il y a nullité alors dans la clause qui ne s'accorde pas avec la Charte. Or, l'article est formel, chacun doit concourir aux charges de l'état, dans la proportion de sa fortune ; les rentes sont une fortune, et même une fortune autrement rendante que toutes celles qui reluisent sur le beau sol de notre riche France, et vous voudriez consacrer le privilége qui les exempte d'impôts ! non, il y a injustice, ainsi que je l'ai déjà dit, il y a privilége, et notre droit public n'en veut pas. Revenez sur cette décision si peu rationnelle, et imposez vos capitalistes, imposez le grand-livre.

On dit, et ceci est plus sérieux, vous effrayerez les banquiers, qui porteront leur argent à l'étranger. Non, si vous n'élevez pas le taux de votre impôt à un chiffre assez fort pour qu'il n'y ait plus aucun avantage à placer sur des fonds français plutôt que sur les valeurs étrangères. Ne voyez-vous pas que les fonds qui valent 98 et 99, sont encore préférés aux valeurs d'Espagne, de Naples, de Rome et de Belgique, qui ne valent que 79, 80 et 81. On redoute encore que les transactions ne deviennent à-la-fois plus difficiles et plus onéreuses pour le gouvernement; mais en vérité, nous obtiendrions ici, selon moi, un grand avantage, nous forcerions le gouvernement à entrer dans une voie plus large et plus franche d'économie; nous lui ferions redouter les emprunts, nous l'épouvanterions des difficultés dont ils seraient entourés; et ne craignez pas pour l'avenir; ces mesures vous permettront de dégrever le contribuable; et si jamais la France avait besoin de ressources extraordinaires, elle les trouverait là où vous les auriez laissées; les citoyens s'empresseraient de lui donner ce qu'elle leur demanderait au nom du bien public.

L'essentiel en fait d'impôt, c'est, je crois, d'enlever le moins possible au commerce et à l'agriculture; c'est de laisser le plus de capitaux possibles dans la circulation générale, car l'argent est le nerf de tout, c'est la vie, c'est le sang de l'agriculture et de l'industrie, et l'argent employé par l'intéressé rend double et triple de ce qu'il pourrait rendre entre les mains du gouvernement, auquel encore il n'arrive jamais intact. Un écu de cinq francs perd insensiblement de sa valeur en partant de la bourse du contribuable, et passant successivement dans les caisses du percepteur, du receveur d'arrondissement, du receveur-général et du ministre des finances; et dans une autre marche descendante, il perd encore en repassant du ministre au receveur-général, de celui-ci au receveur particulier, puis au payeur, et enfin au salarié. Que reste-t-il réellement de sa valeur primitive, lorsqu'il a parcouru ces divers degrés? peut-être la moitié de son poids. Soyez donc économe des impôts, et si vous voulez faire prospérer le pays, laissez le plus d'argent possible dans la bourse des citoyens.

Les voies sont préparées pour une réforme; l'opinion publique l'appuiera de toute sa puissante influente : ceux qu'on pourrait craindre de voir s'élever contre la liberté du commerce la réclament déjà avec générosité, et surtout avec une véritable entente, des divers intérêts commerciaux de la France. Le monopole du fer, accordé, par le fait des droits mis sur les fers étrangers, à quelques propriétaires, a fait éprouver à la France une perte incalculable, et le cultivateur qui a besoin de fer pour ses travaux, le cultivateur qui déjà paie un impôt énorme pour le sol qu'il possède, est encore obligé de supporter celui-là, le plus dur peut-être. Si on voulait se souvenir qu'il existe en France des millions de petits propriétaires dont toute la fortune consiste en quelques ares de terre, dont ils sont tenus, sous peine de la misère la plus profonde, de retirer leur nourriture et celle de leur famille, on serait plus ménager des deniers publics, qu'il faut toujours, en dernière analyse, venir puiser dans leur bourse.

Supposez un hectare de bonne qualité, et cela forme, dans des pays fertiles, une fortune suffisante pour soutenir une pauvre famille, valant environ 2,500 fr., et rendant, année commune, 200 fr. ; sur cette faible somme, avant de songer à vivre, il faut prélever environ 12 fr. pour la contribution foncière : à cette rétribution il faut ajouter l'impôt personnel ; à celui-ci l'impôt des portes et fenêtres ; à ces deux impôts viennent se réunir l'impôt sur le sel, que le consommateur paie ; l'impôt sur les vins, dont le vigneron souffre de mille manières, et par les entraves qu'il met à ses ventes et livraisons, et par la perte de tems qu'il lui occasione, et l'impôt sur le fer, objet important pour l'homme de la campagne, qui en fait seul une grande consommation : ainsi, de compte fait, un homme qui ne retire de sa terre que 200 fr. par année, revenu si minime qu'il n'obtient qu'à la sueur de son front, doit subir l'épreuve de six impôts tous plus onéreux les uns que les autres : et pourquoi ? pour solder à grands frais des administrations qui ne lui rapportent souvent que l'injustice et la contrainte. Ceci, pour être compris, n'a besoin que d'être exposé dans toute sa nudité. Que le pouvoir soit distribué dans les localités; qu'il soit mis à la portée de tout le monde; que chacun apporte alors son tribut; que chaque citoyen livre à son pays, pour l'acquit de sa dette, une faible partie de son tems, et le budget, réduit des quatre cinquièmes, ne pèsera plus sur le peuple; nous ne verrons plus se renouveler les scandaleux procès qui livrent à la mendicité toute une famille, parce qu'elle n'a pu acquitter le denier de César : nous ne lirons plus avec effroi ces questions que la finance adresse officiellement aux chefs des municipalités, s'enquérant minutieusement pour être assuré qu'il ne reste rien au monde, pas même une table et un lit à celui qui doit une misérable cote de quelques centimes. Nous ne verrons pas le fisc poursuivre jusque dans un avenir de mort et d'héritage, la misérable dette qui lui échappe; et les maires, protecteurs de leurs administrés, ne seront plus obligés de répondre et de dire si le malheureux a un mobilier valant la peine d'être jeté à l'encan sur la place publique; s'il a l'espoir de recueillir quelque succession directe ou collatérale; et, a défaut de tout cela, de déclarer si son travail manuel peut donner l'espoir d'un remboursement à l'aide d'un recors ou d'un geolier. Toutes ces infamies disparaîtront de notre code ; déjà les mœurs les repoussent, et la loi, qui ne doit être que l'expression des mœurs, viendra bientôt en confirmer la destruction.

Mais afin de préserver ce peuple des campagnes, si intéressant et si utile, puisqu'il nourrit avec ses travaux la France entière, afin de ranimer le zèle de nos cultivateurs et de mettre à leur portée quelques secours contre la misère et le malheur, il serait indispensable de travailler à une institution qui mettrait à sa disposition les capitaux qui lui manquent, et qui cependant n'arracherait rien aux coffres de l'état.

Il demeure prouvé aujourd'hui que l'agriculture n'est pas soutenue, aidée par quelques prêts que l'on jette en passant au cultivateur favorisé, non plus que par les secours accordés aux propriétaires frappés de grêle ou d'incendie.

Elle n'est même pas encouragée par des primes ; ce dernier mode est loin d'atteindre son but, et il est reconnu que les primes ne profitent qu'aux grands propriétaires, c'est-à-dire à ceux qui peuvent et doivent se passer des secours du gouvernement. Les véritables moyens de favoriser l'agriculture et d'aider la population des campagnes, c'est l'établissement de routes nombreuses bien entretenues ; c'est le creusement des canaux qui portent sur toute la surface, de l'Océan à la Méditerranée, en labourant le pays dans tous les sens, en se ramifiant d'un département à l'autre, les denrées de toutes les provinces. C'est encore la création de fermes-modèles qui serviraient à-la-fois d'exemples aux agriculteurs et d'école pratique à leurs enfans, qui fourniraient enfin une génération de cultivateurs instruits et éclairés : on ne saurait calculer quelle pourrait être l'influence de ces écoles; établies sur une large échelle, entourées de tous les renseignemens, de toute l'autorité des sciences chimiques, elles créeraient en France une classe qui nous manque, celle des cultivateurs; elles feraient des hommes, des citoyens, des agriculteurs, et là où jusqu'à ce jour nous n'avons presque trouvé que des préjugés, des idées étroites, bornées, à demi ensevelies sous la glèbe, d'où elles ne se sont pas encore émancipées, des sentimens éteints, égoïstes, des vues d'avenir sans portée, sans précision, nous apercevrions bientôt une théorie saine et progressive, une pratique éclairée, une agriculture logique, d'accord avec les principes de l'organisation physique.

A côté des améliorations agricoles, on verrait se placer, pour la plus grande gloire de la patrie, les nobles passions du citoyen, les notions

de liberté , d'ordre ; c'est alors que les lois communales et départementales , que le système
électoral et représentatif pourraient porter tous
leurs fruits , et que leur action , secondée partout , serait forte , unanime et productive.

En donnant ainsi une importance réelle à l'a-
griculture , on arrêterait cette émigration déplorable qui , dépeuplant nos campagnes , va
grossir le nombre des habitans des grandes villes,
et surcharge l'industrie d'une foule de jeunes
hommes dont les bras manquent pour la culture
des champs qu'ils ont abandonnés. La terre, le
sol qui est la véritable richesse de la France ,
produirait davantage , et cette surabondance de
produits amènerait une diminution dans le prix
des denrées nécessaires à la vie, diminution qui
améliorerait la condition du prolétaire , sans
nuire au bien-être et à la prospérité du cultivateur ou du propriétaire : les intérêts de l'ouvrier, ceux de l'homme de la campagne seraient
alors étroitement liés , et l'équilibre entre les
hommes qui se destinent soit à l'industrie, soit
à l'agriculture , se trouvant établi dans un rapport exact avec les besoins de l'un ou de l'autre,
ces crises commerciales qui privent , pendant
un tems plus ou moins long, une masse d'ouvriers d'élémens de vivre, c'est-à-dire de travail, deviendraient à-peu-près impossibles.

Il est encore une autre institution qui pourrait agir d'une manière directe sur la prospérité
de l'agriculture, c'est la création de banques
agricoles destinées à préserver le fermier ou le
petit propriétaire des embarras de l'usure, et à
lui faciliter les moyens d'améliorer sa terre par
quelques dépenses susceptibles d'être rembour-
sées intégralement, capital et intérêts, dans un
court espace de tems, et au moyen de la seule
augmentation des revenus qu'elles amèneraient.

En Écosse, où la terre est pauvre, où le cultivateur est malheureux par sa propre nature
autant que par le sol ingrat qu'il cultive, des
propriétaires, amis éclairés, des hommes véritables philantropes pratiques, ont établi des
banques à l'aide desquelles le cultivateur peut
se livrer aux inspirations de son génie et essayer
quelques-unes de ces expériences qui, lorsqu'elles réussissent, se propagent, valent à la
richesse d'un pays plus que des millions qui lui
seraient abandonnés. En France, où nos ames
sont si chaleureuses, où le sort des classes laborieuses inspire depuis notre révolution un sentiment si parfaitement sympathique, une institution semblable ne serait-elle que l'objet d'un
froid dédain, et les amis du peuple, qui deman-
dent des libertés pour lui, seraient-ils assez
peu d'accord avec eux-mêmes pour ne pas s'em-

presser de concourir à la fondation des banques agricoles? Ces banques pourraient être fondées sans l'intervention du gouvernement, et par le dévoûment simultané d'un certain nombre de capitalistes. Une banque par arrondissement de sous-préfecture serait suffisante pour les besoins de cette circonscription, au-delà de laquelle son privilége ne pourrait s'étendre. Calculez approximativement pour un arrondissement ayant dix cantons, chaque canton quinze communes, supposez que chaque commune emprunte pour ses besoins 40,000 fr., la mise de fonds ne s'élèverait qu'à 600,000 fr. L'argent serait prêté sur hypothèque toutes les fois que la moralité ou la solvabilité de l'emprunteur ne présenterait pas au conseil d'administration des garanties suffisantes; mais il faudrait pour cet objet, et ceci serait une condition indispensable, que le gouvernement affranchît ces inscriptions de toutes les entraves, de toutes les formalités qui coûtent tant d'argent et de peines aux emprunteurs, et qu'un mode d'inscription simple et économique fût appelé à garantir les droits respectifs. Un registre paraphé par le préfet, et sur lequel serait inscrit le montant du prêt, ainsi que les numéros des inscriptions cadastrales des propriétés grevées par lui, serait suffisant pour assurer les titres de l'un et de l'autre. Un compte serait ouvert, sur le même registre, à chaque emprunteur, et ces comptes, chaque fois qu'il leur serait fait un changement, seraient approuvés par la signature du maire et de deux témoins. Le taux du prêt pourrait être fixé à 4 1/2 pour %, et les banques agricoles présenteraient encore un placement avantageux pour cette foule de capitalistes qui sont, la plupart du tems, embarrassés de leurs richesses. Ces établissemens, mieux que toutes les lois préventives et de répression, plus que tous les arrêts des cours d'assises, plus enfin que tous les gros livres des économistes, détruiraient radicalement la plaie de l'usure, plaie israélite qui, comme le peuple de Dieu, s'est répandue avec sa malédiction sur les peuples de l'univers, au milieu desquels l'a jeté son arrêt de dispersion. Vous ne verriez plus alors dans nos campagnes ces spectacles atroces d'une famille entière réduite à la mendicité, chassée de son asile pour avoir eu l'imprudence, dans un moment de nécessité pressante, de souscrire un billet à gros intérêts, quelquefois à 20, à 30 pour %, mais souvent à 10 et 15. Vous n'entendriez plus cette voix d'huissier qui met à l'encan un mobilier qui se vend à 50 ou 60 pour % au-dessous de sa valeur, pour solder une chétive dette de quelques misérables francs.

Une cause de ruine la plus terrible et la plus ordinaire serait détruite, et l'usure, effroi des gens de la campagne, ne serait plus pour eux qu'un souvenir. L'expropriation de ceux qu'une inconduite persévérante ou des malheurs réels mettraient dans l'impossibilité de rembourser au bout du terme demandé, ne serait jamais ordonnée, la banque prolongerait le terme de paiement primitivement fixé pendant une fois encore autant de tems, et si à l'expiration de ce délai, la moralité de l'emprunteur ne la déterminait pas, non à prolonger, mais à renouveler le prêt, l'administration de la propriété hypothéquée lui appartiendrait ainsi que ses revenus : elle la confierait, autant que faire se pourrait, à l'emprunteur lui-même qui, tout en restant propriétaire ne serait plus en définitive que son délégué. Cependant si la banque pouvait suspecter sa bonne foi, elle affermerait la propriété aux enchères publiques; prélèverait chaque année ses intérêts, et avec le surplus, amortirait le capital. Ainsi, au bout d'un certain tems, la propriété cesserait d'être grevée, et serait rendue libre à son légitime possesseur. Toutes les difficultés seraient jugées devant arbitres, nommés par les deux parties, et jamais procès et chicanes ne viendraient déshonorer et entraver l'une des plus utiles institutions de notre siècle.

D'autre part, si la population de nos grandes cités manufacturières est en disproportion avec le travail que l'industrie peut fournir, s'il arrive que nous rencontrions une foule de bras inutiles, qui ne peuvent trouver à employer leurs forces et à louer leur activité, l'attention publique doit signaler un fait aussi grave qui importe à la sûreté même de la société. En effet, quels malheurs arrivent à la suite d'un semblable état? La main-d'œuvre diminue chaque jour à mesure que la population s'agglomère et s'augmente, et une partie des travailleurs perd journellement les moyens d'existence qui étaient à sa portée. En d'autres termes, les prix baissent, et le nombre des ouvriers n'est plus en rapport avec les ouvrages que le commerce commande. La misère, une misère profonde, est le résultat d'une position aussi fausse, et la misère, une fois qu'elle est commencée, tend toujours à s'accroître, de sorte que le mal va en s'élevant jusqu'à ce point où, devenant intolérable, il fait sentir la faim, contre laquelle ne peuvent prévaloir ni les lois de la société, ni les règles de la morale, ni les exigences de l'homme. Mais avant d'arriver à ce dernier extrême, cette population s'est abrutie dans le malheur; les privations ont aigri son caractère, ont envenimé ses sentimens, ont détruit cette sympathie fraternelle que la Providence a mis en nous comme le lien qui attache l'homme à l'homme. Le regard de celui qui souffre dans ses entrailles vides, rencontre-t-il à chaque moment le spectacle de l'opulence et de la dissipation, il devient sujet à des éblouissemens, son ame elle-même s'indigne dans une pensée d'injustice, et il fixe des désirs de déprédation sur les livrées de la fortune qui semblent passer et repasser devant ses yeux comme pour insulter à sa détresse! Si même il lui reste quelque énergie d'ame, il la perd dans les débauches crapuleuses, débauches qui ne coûtent que l'audace, et il s'y livre pour s'étourdir sur ce qui l'attend dans l'avenir : heureux encore quand l'occasion flagrante ne le pousse pas à commettre des crimes, et ne le conduit pas coupable sur les bancs de la cour d'assises. Concevez-vous combien elle est horrible la tentation qui vient assaillir le père assistant aux douleurs poignantes de sa famille? Qu'il lui est difficile de s'arracher à l'affreuse idée qui le presse, d'enlever à la richesse les restes qu'elle rejette pour en faire le pain de vie de ses enfans? La société est singulièrement organisée, elle a établi des lois de répression, et jusqu'à ce jour, elle a oublié les lois préventives; elle punit le crime, mais elle le laisse en quelque sorte au libre arbitre du désespoir, et ne fait rien pour prévenir les grandes fautes ; elle ne garantit pas l'homme contre ces occasions perpétuelles, ces situations horribles qui vous étreignent comme du fer, qui vous brûlent comme du feu, et souvent font partir du cœur, j'oserais presque dire de la vertu elle-même, le crime qui doit conduire un homme à la flétrissure et au bagne.

Il est tems que notre civilisation accomplisse sa mission, et qu'elle travaille à assurer des moyens de subsistance à tous les hommes ; et pour cela faut-il détruire la société ? telle qu'elle est, faut-il la détruire jusque dans ses fondemens, et reconstruire sur la terre un autre édifice ? Ce que les siècles ont fait en s'accumulant a été une progression ; cette progression doit se continuer, et vouloir annuler le principe sur lequel elle s'est appuyée pendant un si long espace, serait vouloir l'anéantir elle-même. Il est certaines lois organiques sur lesquelles roule l'ordre social ; ces lois nous viennent de notre propre nature, elles ont été empreintes par un esprit providentiel à tout ce qui a été jusqu'à ce jour, et l'expérience nous a prouvé qu'elles étaient le produit d'une invincible nécessité : c'est l'ame qui donne couleur à la vie, qui la produit au-dehors. Une issue lui est-elle ouverte, elle s'échappe, et la

mort l'emporte sur la vie; le cadavre tombe im-
mobile sur la terre qui le dévore. Renverser
l'ordre social pour lui substituer un rêve théorique que, dans un généreux enthousiasme, quelques têtes ardentes ont conçu et jeté au milieu du monde comme une étrange et colossale
doctrine, serait ajourner indéfiniment toute la
perfection que nous avons le droit d'attendre
du déploiement de tant de forces intellec-
tuelles. La société, ou plutôt la position des
classes qui souffrent au milieu d'elle et s'agi-
tent dans une douleur poignante, est facile à
améliorer, mais il faut agir avec hardiesse, il
faut élargir les projets sur une grande échelle,
et ne point se laisser arrêter par ces faibles con-
sidérations qui enchaînent trop souvent de for-
tes volontés.

Sur un espace de cent cinquante-quatre mille
milles carrés, s'étend, en France, une population
de trente-deux millions d'ames; quinze millions
de propriétaires ou d'industriels, jouissent en
paix des douceurs de la vie, et en se levant ne
sont jamais inquiets des besoins du jour. Autour de ces quinze millions se groupent encore
dix millions dont la vie et le sort sont liés à cette
première fraction, et qui, comme enfans, frè-
res, ou salariés, vivent en sûreté, en commun
avec elle; pour ceux-là, il n'y a rien à faire,

laissez le siècle avancer seul, il saura bien, ré-
pandant à flots l'instruction et la science, faire
prospérer l'industrie, et assurer leur bien-être.
Mais en dehors de ces deux portions de la société, se meut une population étrangère à toute
possession ; elle a bien ses bras, dites-vous, et
son intelligence encore, mais le travail, le seul
aliment qui lui appartienne, vient à manquer
souvent, et alors elle se trouve sans ressources
avec de la vie, de la vie par surabondance, et
point de pain pour soutenir cette existence
qui devient bientôt une intolérable souffrance,
une atroce injustice, et combien cet état de malheur n'est-il pas plus déplorable lorsque nous
avons à notre disposition des moyens assurés
d'arrêter cette misère, de l'enchaîner, et de
donner la subsistance à tous les hommes qui
n'ont pas encore pu saisir leur place dans la société ! Ce sont ces moyens qu'il importe de rechercher, de développer, c'est une valeur in-
connue qu'il faut mettre en usage, c'est une
force dont il faut user, un moyen de gouvernement qu'il faut employer.

Mais de simples raisonnemens, de belles
théories ne suffisent point : la crise est grande,
les secours doivent être immenses ; il ne suffit
pas de diminuer le budget, d'annihiler la liste
des fonctionnaires et des pensionnés, véritables

sangsues qui ne vivent qu'aux dépens des autres, et de créer des banques agricoles dans les
campagnes ; il faut plus... la nécessité crie sans
cesse à nos législateurs : venez au secours des
classes pauvres par la diminution des charges
qui pèsent sur elles, par l'instruction que vous
placerez à leur portée, par l'abolition des mono-
poles, qui leur ouvrira de nouvelles sources de
richesses, par celle des droits de douane, qui
feront baisser le prix des choses les plus indispensables aux nécessités et aux aisances de la
vie ; par les maisons de travail et de retraite
pour les incurables, que vous distribuerez sur
toute la surface du royaume ; par l'établissement
des sociétés coopératives modelées sur celles
qui commencent à répandre leurs bienfaits en
Angleterre, à Londres ; et surtout, ceci est un
sujet plus vaste et qui mériterait un examen à
part, par un système de colonisation assez bien
entendu, pour qu'il puisse offrir un vaste dé-
bouché à cette population qui se grossit tous les
jours, et qui, à la longue, finirait par rompre
les digues que la société place entre elle et ses
passions..... passions quelquefois turbulentes,
lorsque la terre qui la porte ne suffit plus à la
nourrir. Que ne reprenez-vous l'œuvre du tems :
l'ancien royaume de Carthage, cette Numidie
si riche, cette vaste Mauritanie, surnommées

les greniers de Rome, vous appartiennent ; c'est
un état qu'il faut fonder, c'est une population
française qu'il faut lui envoyer. Cessez de vouloir dominer, par l'ancien système, la colonie
que vous formerez ; donnez-lui une constitution graduée d'après son âge et ses besoins :
conservez sur elle le pouvoir, tant qu'elle sera
trop faible pour être autrement qu'en tutelle,
mais offrez-lui l'avenir libre et dégagé de toute
entrave ; mettez aux mains des Français, qui se
retournent sur le sol de la patrie sans trouver à
dépenser leur activité, du fer pour cultiver, des
armes pour se défendre ; formez des colonies
militaires à l'instar de celles qui ont peuplé la
Crimée ; enrégimentez les familles ; que le colon
soit sujet à un chef militaire ; en un mot, placez
sur tous les points qui peuvent être accessibles
à ces inflexibles bédouins, des armées de soldats laboureurs ; que leurs cases soient espacées
à portée de secours ; que des postes avancés
soient établis à certaines distances, et derrière
cette ligne formidable, on verra bientôt une
population industrieuse qui rendra à ce beau
pays son ancienne renommée. Ce nouvel état
sera utile à la mère-patrie et lui rendra, d'ici à
peu d'années, toutes les richesses qu'on lui
aura prêtées pour se mettre en valeur. Rassurez
partout les colons sur la protection que vous

êtes disposés à leur donner, en liant leur sort à celui de quelques familles puissantes; qu'un fils du roi, que quelques chefs dévoués partent avec eux pour la rive africaine, et qu'ils aillent éprouver dans ces contrées la rigueur du soleil d'Afrique, alors ils ne se croiront plus abandonnés : ce ne sera plus un exil, ce sera une émigration joyeuse, une fraction de la famille qui transportera ses pénates de l'autre côté du fleuve; l'imagination tranquille sur les dangers à venir, l'ame pleine de confiance dans les promesses faites, la colonie s'élèvera promptement à une prospérité numidique. Mais ce n'est pas seulement sur ces vieux rivages d'Afrique, où le soleil est brûlant et la terre productive, que vous pouvez établir vos colonies.

L'exemple des colonies à l'intérieur, sur les parties du territoire qui ont été négligées par des causes diverses, depuis un tems immémorial, nous a été donné par la Hollande. Ce peuple habile, qui a conquis son propre pays sur les eaux de la mer, a porté plus tard son industrieuse pensée sur ces vastes étendues de landes et de marais qui occupaient une place improductive sur la surface de sa petite contrée ; et, voulant profiter, sans en rien perdre, de tous les avantages de son sol, il a établi des colonies hollandaises, destinées à servir d'asile aux familles malheureuses que la fatalité condamne à la mendicité. Un double but a été atteint par cette heureuse et grande pensée; un fléau, qu'on pourrait appeler un vice social plus encore qu'une plaie publique, a été arrêté, guéri, détruit, et la richesse commune s'est accrue du produit de cette partie du sol qui jusqu'alors n'avait été d'aucun rapport à la masse nationale. Il serait difficile de supposer qu'une semblable mesure ne profitât pas aux autres peuples et n'engageât pas la France surtout, qui a un tel exemple sous les yeux, à fonder chez elle des institutions aussi utiles. Nous aurions plusieurs moyens de mettre en pratique ce grand œuvre, et mieux que la Hollande notre situation toute agricole nous permettrait de fonder de vastes colonies, refuge de tous ceux que la fortune a repoussés, et, dans sa répartition trop souvent injuste, a privés d'une part de travail et de vie. Nos communes possèdent presque toutes une immense étendue de terres vagues, désignées sous le nom de communaux, et dont ne profitent que ceux qui ont déjà une petite fortune, puisqu'ils ne peuvent servir qu'au pâturage. Le pauvre sans ressource ne possède pas de bétail, et ne prend par conséquent aucune part à la jouissance commune : c'est presque une injustice qui prive ainsi un certain nombre d'individus de l'exercice d'un droit, de la perception d'un revenu, dont sa détresse le met dans l'impossibilité de profiter comme les autres. Toutefois un fait qui frappera tous les esprits sages, et suffira pour leur faire condamner les pâturages communs, c'est que plus un individu possède, plus il profite de la communauté, et que le taux de la jouissance s'augmente proportionnellement avec le taux de la fortune ou le nombre des animaux de l'étable, et il me semble que, pour être juste, la loi devrait être renversée, et que le pauvre devrait avoir un droit plus étendu sur les communaux que les habitans riches de la paroisse. Ces terrains doivent être considérés comme le bien de l'indigent : en effet, si nous remontions à leur origine, nous pourrions peut-être trouver à la misère des titres de propriété sur ces immenses richesses. Les communaux viennent de deux sources : les monastères, les seigneurs, les rois même abandonnèrent, pour l'usage de leurs vassaux, et de la petite plèbe, comme ils appelaient les classes les plus pauvres de la société, une certaine quantité de terres, qu'ils détachèrent ainsi de leurs domaines : comme, à cette époque, la classe moyenne n'existait pas, que les habitans n'étaient que les fermiers du seigneur, et que, dans ces tems reculés, il n'y avait de propriétaire que le châtelain, il s'ensuit que les communaux ne furent établis que dans le but charitable de mettre à portée du vassal un moyen d'existence qui lui était d'autant plus nécessaire, qu'il était, même pour sa nourriture, à la disposition de son seigneur. Nous retrouvons encore de vieilles chartes qui attestent que telles ou telles parties de terrains ont été destinées par le seigneur à la nourriture de la vache du pauvre, et que c'est à cette fin qu'il les a livrées à tout jamais à la vaine pâture. Sur cette première catégorie, le droit de celui qui n'a rien est donc incontestable. Il est une autre espèce de communaux qui ont une origine différente et qui ne remontent guère qu'à l'époque qui a précédé la révolution; ceux-ci pourraient être considérés comme appartenant au gouvernement, en sa qualité d'héritier de tous les droits féodaux que la révolution, et avant elle le bon sens et la raison publique avaient détruits; ce sont ceux que les seigneurs n'ont jamais revendiqués, soit avant, soit depuis 1789, et dont les communes se sont emparées insensiblement sans titres, mais qu'un usage long et constant a sanctionnés comme leur propriété; ceux-ci appartiennent à l'état et rentrent dans le domaine public. On voit donc que le gouvernement pourrait, sans porter atteinte à des droits acquis, sans violer les contrats notariés, rendre aux communaux leur destination primitive, et restituer à ceux *qui n'ont rien* la propriété que d'anciens bienfaits croyaient leur avoir assurée à jamais.

Si nos terrains abandonnés à la vaine pâture offrent d'immenses ressources pour doter ces nouvelles colonies, la superficie des bois vendus par l'état, et susceptibles d'être cultivés, ne serait pas moins précieuse. Ajoutez aux uns et aux autres toutes ces terres que vous pourriez acquérir en desséchant les marais ; toutes celles que vous pourriez fertiliser par des plantations habilement conçues, et une agriculture savamment appropriée à la nature de leur sol, tels que les landes et les bruyères du Languedoc et de la Bretagne, et vous verrez que la France territoriale peut contenir et même enrichir un très-grand nombre de familles. A mesure que la population croit, l'intelligence de l'homme doit s'élever, et la civilisation n'est qu'un moyen progressif et providentiel mis à la disposition de l'espèce humaine pour qu'elle puisse en tous tems trouver son bien-être, et assurer sa nourriture. Le jour est venu où l'état qui, naturellement a sous sa tutelle toute la classe des familles malheureuses, doit déployer son activité pour assigner une place au banquet social à la foule sans asile et sans pain. Il est triste en vérité, de voir s'entasser sur un point, enchaînés par l'habitude, attachés par l'attrait du vice, des plaisirs énivrans de la cité, ces hommes dont les bras sont robustes, et qui pourraient, avec du travail, créer la richesse dans ces déserts inhabités qui occupent encore une partie de notre belle France. La tâche n'est pas de rejeter hors de notre territoire, soit français, soit colonial, les êtres qui sont de trop, mais de répartir avec un juste discernement cette abondante population vers les lieux qui n'ont pas assez d'habitans, et d'en arrêter une partie sur ceux qui n'ont encore ni villes, ni villages, où l'herbe croît sans produit pour l'homme, et où la bruyère de tems immémorial, s'étend comme un vaste manteau et comme une marque de stérilité.

Un calcul qui aurait pour objet de présenter le résultat positif de toute cette opération, devrait désigner la quantité fixe d'hectares disponibles, coter leur valeur réelle, et résumer ainsi l'avantage total en désignant le nombre de familles qui pourraient y trouver leur bien-être et leur fortune. Il est impossible d'établir un chiffre rigoureux sur une semblable matière; le gouvernement lui-même ne connaît pas l'étendue précise de nos communaux et le travail nécessaire pour le trouver, demanderait un tems et des moyens qu'un simple particulier n'a pas à sa disposition. Toutefois un calcul approximatif, basé sur des évaluations particlles et contradictoires, peut faire soupçonner la vérité, et nous montrer, à quelques erreurs près, soit en plus soit en moins, quelle serait la force et la portée de cette entreprise. Mais avant d'essayer ce calcul, et afin de faire mieux ressortir notre pensée, nous citerons pour exemple une commune de l'un de nos départemens du centre; sa population, son étendue, ses possessions communales, ses revenus ne peuvent représenter une moyenne des différentes communes de France, toutefois cette citation fera mieux apprécier les avantages de la mesure proposée. Elle compte environ cinq cents habitans, son revenu est de 30,000 fr., elle paie 6,000 fr. d'impôts et elle possède environ trente hectares de pâturages communs. Je ne parle pas de ses bois, dont la répartition faite par feu, et profitable aux malheureux, ne doit par conséquent subir aucune transformation. Ces trente hectares, destinés à rafraîchir plutôt qu'à nourrir le bétail, sont d'un profit presque nul; à peine oserait-on évaluer ce produit à 200 fr. Ces terrains, placés sur un sol pierreux, dans un pays où la vigne donne d'excellentes et d'abondantes récoltes, seraient susceptibles d'occuper, de nourrir, d'enrichir trente familles, composées de trois individus ; je trouve ainsi dans une seule commune le moyen d'assurer l'existence de quatre-vingt-dix Français. Cultivés par ces trente familles, ces trente hectares livreraient annuellement, en ne calculant que sur le pied de vingt hectolitres par hectare, six cents hectolitres à la consommation, et en établissant le prix moyen de l'hectolitre à 10 fr., nous verrons encore que, chaque année, les capitaux lancés par cette voie dans le commerce général, s'augmenteraient d'une valeur de 6,000 fr. Les recettes de l'état, de leur côté, en retireraient aussi leur avantage. Ces communaux ne paient qu'un faible impôt qu'on pourrait au plus évaluer à 5 fr. par hectare. En supposant que l'impôt mis pour condition de jouissance fût triple du taux ordinaire, chaque hectare serait taxé à 36 fr., et ces trente hectares apporteraient chaque année, dans les coffres du trésor, une somme de 1,080 fr. Si, actuellement, nous étendons ces calculs à la généralité du pays, il sera indispensable de changer de base pour trouver une moyenne générale. D'après des calculs faits dans ces dernières années, et basés sur les opérations cadastrales, on a évalué le nombre de nos hectares improduc-

tifs en terres vagues, landes, marais et bruyères, à quatre millions environ. En évaluant que
les deux tiers de cette immense étendue soient
susceptibles d'être livrés à la culture, et en se
restreignant aux calculs les plus accrédités,
qui ne portent le produit annuel de l'hectare
qu'à 28 fr., on trouve que les revenus de la
France s'augmenteraient de 84,000,000.

L'on pourrait en outre obtenir comme redevance, 30,000,000, en ne fixant le taux de
l'impôt qu'à 10 fr., afin de nous rapprocher
davantage d'une justice rigoureuse. Par ce
moyen, si nous établissons que quatre hectares
puissent suffire à la nourriture d'une famille
composée de quatre individus, nous trouvons
que sept cent cinquante mille familles auraient
acquis le droit civique, la qualité de propriétaire, et trois millions d'individus seraient désormais à l'abri du besoin. En poursuivant les
résultats de cette entreprise toute sociale, nous
pouvons espérer que nos bois seuls, dont la
superficie s'élève à sept millions d'hectares,
pourraient nous fournir les moyens de placer encore sept cent cinquante mille familles, et nous
doublerions alors le nombre de ces nouveaux citoyens établis comme propriétaires sur le sol de
la France; et actuellement, si nous nous jetons
en Afrique, quelle immense colonisation n'at-

teindrions-nous pas. Nous verrions se relever ces anciennes cités, filles des premiers peuples civilisés, et qui ont fait si long-tems la gloire et la richesse de cette vieille et malheureuse contrée. Ces filles de la Phénicie se relèvent de leur tombeau, et s'associent à la fortune gauloise, cette fortune qui, comme elle, brille à son tour de sa civilisation et de sa liberté. Les royaumes de la côte d'Afrique peuvent contenir facilement dix millions de population; nos colonies à l'intérieur peuvent occuper, nous venons de le démontrer, six millions d'individus; ainsi, de compte fait, nous voyons que nous avons encore du champ devant nous pour seize millions d'hommes, sans songer à spolier ceux qui sont établis au profit de ceux qui arrivent. C'est à la France d'essayer; c'est au gouvernement à agir. Quant au mode de distribution, il devrait se rapprocher autant que possible de la simplicité communale. La première opération à ordonner serait une statistique exacte de la généralité des familles pauvres par toute la France. Cette triste nomenclature devrait être classée d'abord par départemens, et successivement par arrondissemens, cantons et communes. Chaque commune distribuerait en assemblée générale de ses citoyens, ces dons patriotiques aux familles qui lui appartiendraient. Les lots auraient été à l'avance désignés par une commission prise moitié parmi les membres du conseil municipal, moitié parmi les habitans de la commune, choisis en dehors même des électeurs communaux par le conseil ou la mairie. Cette distribution serait une solennité, dans laquelle on appellerait, pour ainsi dire, les citoyens à ajouter encore à la sanction de la loi par leurs acclamations et leur présence. Si le nombre d'hectares disponibles dépassait celui des familles nées dans la commune, le surplus serait réuni à la plus-value des autres communes et formerait un fonds commun destiné à doter les familles pauvres que les autres communes du canton n'auraient pu placer. Il en serait de même pour les cantons, les arrondissemens et les départemens. On donnerait par là à cette mesure un aspect tout local, et on obtiendrait l'avantage incontestable de placer sous les yeux de chacun l'emploi de la chose réclamée pour un acte de bienfaisance. Chaque citoyen pourrait se convaincre à toutes les heures de la journée, et par ses propres yeux, que le bienfait aurait été distribué selon le vœu de la loi, et que l'application rigoureuse du fonds communal aux besoins locaux du pays aurait été entièrement accomplie. L'amour-propre du village, celui même du citoyen, trouverait quelque satisfaction à contempler son ouvrage, et quel est celui qui ne dirait avec un juste sentiment d'orgueil patriotique : et nous aussi, nous avons été les bienfaiteurs de nos concitoyens.

La nation retirerait plus d'un avantage de cette grande mesure, non-seulement elle pourrait s'énorgueillir d'avoir construit un foyer et donné du pain à ses enfans rejetés par la fortune, et d'avoir ainsi remplacé pour eux la Providence, mais elle verrait encore s'augmenter la richesse de l'état. Un impôt triple, proportionné au revenu de la terre, c'est-à-dire une redevance forte que chaque nouveau propriétaire verserait, pendant un certain nombre d'années, dans les caisses de l'état, et qui serait destinée à rembourser en quelque sorte ce droit de propriété que l'état lui aurait généreusement concédé, équivaudrait avec avantage à la perte de capitaux que l'état aurait abandonnés pour l'établissement colonial. De nouvelles productions jetées dans le commerce en stimuleraient l'activité, et un nouveau champ serait ouvert devant les entreprises commerciales; les classes laborieuses en général, celles même qui le plus éloignées de ces colonies ne connaîtraient d'elles que le point ou le nom, éprouveraient cependant de leur prospérité même une amélioration sensible dans leur propre sort. Imaginez en effet ces nombreuses terres si pleines de sève et de vie, à qui les siècles, en passant sur elles jusqu'à ce jour, n'ont rien demandé, et qui, frappées tout-à-coup par l'instrument du laboureur, produisent pour la première fois, quelle abondance n'amèneront-elles pas sur nos greniers, et cette abondance ne se fera-t-elle pas sentir sur les marchés de toutes nos provinces, et l'ouvrier des villes manufacturières ne verra-t-il pas baisser le prix du pain, trop souvent son unique nourriture; le commerce lui-même en éprouvera les plus heureux effets; la consommation augmentera à mesure que le bien-être de ces populations s'élèvera à la suite des années, et les objets manufacturés nécessaires, soit pour les vêtemens, soit pour les ménages, éprouveront une hausse qui influera jusque sur les prix des journées ouvrières. Ainsi on trouve au fond de cette mesure législative, destruction de la mendicité, amélioration du sort des classes pauvres, augmentation du nombre des propriétaires, développement de l'agriculture, soulagement des classes ouvrières, mouvement actif donné au commerce, produits agricoles immenses, capitaux nombreux ajoutés à la masse totale de la richesse publique, l'accomplissement enfin d'un devoir social et un noble exemple laissé comme un legs d'humanité à l'histoire qui nous suit. Et mieux que tout cela encore, je vois une haute pensée morale dominant tout le sujet : la propriété enveloppée d'une nouvelle garantie, fortifiée par les bras nerveux de ces jeunes cultivateurs, l'agriculture remise en honneur, restaurée dans son vieux temple, et la prévision de Sully ne voyant de trésor véritable pour la France, de force pour sa prospérité, que dans son sol, que dans sa fertilité, désormais assurée, désormais accomplie. C'est là le meilleur et le plus sûr moyen d'imposer silence et de réduire à une vague déclamation cette doctrine nouvelle, fille de Saint-Simon, qui, pleine de feu et d'enthousiasme, approche chaque jour de l'édifice social, le flambeau de vérité et de foi, à la flamme duquel elle veut l'embrâser. C'est en attachant au sol, en liant à la fortune territoriale les masses flottantes de notre population qu'on pourra prévenir un bouleversement dans lequel s'engloutirait la France et la civilisation qu'elle porte avec elle ; sans doute elle ne périrait pas cette civilisation, fille de tant de siècles, mère de tant de beaux génies ; mais déplacée une cinquième fois, elle irait peut-être illustrer d'autres rivages, un nouveau monde, et l'étranger, venant de loin visiter les ruines françaises, méditerait sur nos débris l'avenir qui a dévoré l'Égypte, la Grèce, Rome,

Byzance, et qui aurait à leur tour nivelé sur le sol les dômes du Panthéon et les tours de Notre-Dame.

Le sort de nos enfans exige de nous une garantie ; ce n'est plus ici une question de race royale, d'empire ou de république ; c'est une question de vie pour la société, et la gravité des circonstances ne saurait admettre ni retard, ni faiblesse. La liberté ne saurait faire place au despotisme, l'ordre à l'anarchie, les ruines à la France ; nous ne recommencerons pas les questions ridicules du moyen-âge, nous nous réunirons autour de la patrie, et là, sur notre foyer constitutionnel, nous défierons ces prévisions de mort que des prophéties multipliées crient autour de notre vieille Jérusalem. Une ère nouvelle vient de commencer, ou plutôt celle que les siècles, en accumulant les idées et en éclairant les hommes, avaient entreprise, est sur le point de s'accomplir ; déjà, et c'est un progrès sensible, on cesse de se passionner uniquement pour les lois politiques, on sent qu'après elles il est des besoins plus impérieux à satisfaire, des devoirs plus saints à accomplir ; et à cette découverte philantropique nous devrons probablement la fin des révolutions politique et le repos du monde, enfantant, dans un paisible mais laborieux travail, une organisation

sociale privilégiée, les réformes des abus maté-
riels, l'affermissement du bien-être des populations, et la fusion des hommes et des peuples
dans un même système de paix et d'unité; et,
pour arriver à cette fin à laquelle nous tendons,
nous devions traverser les réformes politiques.
Il fallait, avant de commencer, conquérir un gouvernement qui ne fût que la représentation bien
entendue des intérêts nationaux ; il fallait que le
principe de ce gouvernement, en s'élevant du
sein de la nation, le mît en harmonie parfaite avec
elle, et la monarchie populaire , qui a été pré-
férée à la république représentative, peut réaliser
l'espoir que nous fondons sur l'avenir, si une
faction égoïste et anti-nationale ne l'entraîne dans
une route au bout de laquelle elle trouverait sa
chute. Aujourd'hui que les opinions politiques
doivent être satisfaites sans retard, il ne s'agit
plus que d'améliorer et de faire marcher vers
un but commun les lois et les mœurs : les idées
et les sentimens sont déjà pleinement entrés
dans l'esprit de la nouvelle époque, tous veulent
travailler à perfectionner le système social; et
cette tranquillité profonde qui a suivi la secousse
politique dans laquelle s'est engloutie la monarchie de Louis XIV, est le résultat de la conscience populaire, comprenant que ce sont les
loisirs de la paix et les bienfaits de l'ordre qui

peuvent nous aider dans notre marche actuelle. Le mouvement progressif se fait sentir avec force ; des faits immenses s'accomplissent sans retour. La couronne de France, dernier fleuron de la féodalité, est tombée dans l'abîme ; mais cette fois l'abîme s'est refermé sur elle. D'un côté tout finit, de l'autre tout commence. Tems de grâce et de repos, époque de vertus civiques et d'harmonie entre tous, l'ère nouvelle ne saurait manquer à ses promesses. C'est à la législation française à développer les germes qu'elle lui offre ; c'est à elle à les proclamer en émancipant les classes pauvres par tous les moyens mis à sa disposition ; c'est à elle à se lever pacifique et puissante en tête de l'Europe, à lui montrer la route du progrès, à l'aplanir sous ses pas ; c'est à elle à agir sur le monde et à fonder l'avenir.

Le tems est venu où il faut que le gouvernement écoute les plaintes, entende et comprenne le danger. On a pu se faire illusion et croire à l'exagération des souffrances ; les terribles événemens de Lyon sont venus lui attester toute l'exactitude de la faim : ce flot populaire, qui se soulève et qui fait précéder son émeute de ce drapeau sur lequel est inscrit cette terrible et nouvelle devise : *Vivre en travaillant ou mourir en combattant,* ces mille bouches s'écriant dans un idiome énergique : *Autant vaut manger le pavé morts que le manger vivans*, vous donnent de grands enseignemens. La vérité se fait jour de toutes parts : du sein de vos populations s'élèvent des hommes demandant à la société une place dans ses ateliers ; et la société resterait impassible !... il est de son devoir, il y va de sa vie, de fournir du travail à ceux qui n'en ont pas, de faire du pain à ceux qui en manquent. C'est cette plaie profonde que l'état doit sonder ; qu'il en comprenne toute la profondeur, et qu'il se hâte d'appliquer de puissans remèdes pour guérir. Hâtez-vous, le tems presse, la misère n'attend pas, elle dévore en un jour ; elle tue en une heure ; arrêtez sa marche désastreuse ; ce qui est arrivé à Lyon viendra à Bordeaux, à Rouen, à Paris, partout, dans nos villes, dans nos villages, et si cette faible fraction du peuple sans mœurs et sans lois vient à dominer, ce peuple d'ouvriers si fort dans ses souffrances, si robuste dans le combat, si grand dans la victoire, n'attendez plus de salut, la civilisation redevient un problème, et le travail du tems est à refaire.

FIN

* 9 7 8 2 0 1 2 9 7 8 9 8 0 *